POINT

DE LA QUESTION

SUR

LES COLONIES.

ASSEMBLÉE NATIONNALE.

Par M. DE LONGCHAMP, Colon de Leogane, Ifle Saint-Domingue.

Je ne fais pas de coalition, mais j'exprime un vœu patriotique.

A PARIS,

De l'Imprimerie de SEGUY-THIBOUST, Place Cambray.

1 7 9 0.

POINT
DE LA QUESTION
SUR
LES COLONIES.

MESSIEURS,

Au milieu des crifes nombreufes qui nous agitent, celle dont les Colons font l'objet va vous occuper.

Daignez, parmi la foule d'écrits dont on vous inonde, diftinguer quelques obfervations d'un *Colon* défintéreffé, impartial, & qui gémit de voir des plans ennemis fe réalifer de plus en plus.

A ij

Je remonte à l'Arrêt du 30 Août 1784. Avant cette époque, les loix d'entre la Mere-Patrie & les Colonies, affujettiffaient ces dernieres à l'échange de leurs denrées contre celles de France ; nous étions, quoique féparés par l'Océan, unis par les rapports du commerce ; & malgré l'influence miniftérielle defpotique, nous confervions une fraternité profpere.

Il vint à la tête de quelques hommes, d'établir un fyftême de *concurrence mitigée*, & de le faire adopter par M. de Caftres.

En conféquence, on permit aux étrangers d'importer dans nos Colonies concurremment avec nos Négocians Français, mais on ne permit aux Colons de donner en échange aux étrangers que nos firops, nos eaux-de-vie de fucre & de l'argent.

J'ai démontré jufqu'à l'évidence, & j'ai eu pour moi tout le Commerce, même les premiers Commis inftruits que cet Arrêt informe, enfant de la cupidité,

1°. Ruinoit le Commerce de France ;

2°. Introduifoit une contrebande néceffaire ;

3°. Rendoit à l'étranger ce que nous payons à la Mere-Patrie ;

4°. N'étoit d'aucun avantage pour le Colon.

1°. Il ruinoit le commerce de France ;

En ce que l'Anglo-Américain n'ayant à faire qu'un

voyage de douze jours ; ayant un moindre efpace à par-
courir, un moindre danger à courir, moins d'avaries à
effuyer fous tous les rapports, pouvoit baiffer momenta-
nément la main fur toutes les marchandifes en concurrence avec la France : c'eft ce qui eft arrivé. Les Armateurs Français, dégoutés de ne pas trouver leurs pro-
duits ni leurs retours ordinaires, ont ceffé leurs tranfports ;
perte premiere pour le commerce, perte retombante fur
les Poffeffeurs des matieres premieres, fur les Fabricans,
fur les Manipulateurs, fur les Acheteurs, fur les Pacotilleurs
de France.

2°. Il introduifoit une contrebande néceffaire.

Le Commerce de France n'apportant plus les objets
de néceffité aux Colonies, il a fallu s'en pourvoir auprès
de l'Etranger. La maffe des firops, & enfin des objets
dont la vente étoit permife aux termes de l'Arrêt, n'équi-
valant pas à la maffe des befoins, il a fallu folder en
argent ; mais nous n'avons pas d'argent en Amérique, il
a donc encore fallu, ou manquer du néceffaire en fuivant
la loi, ou l'enfreindre pour avoir ce néceffaire.

C'eft ce qui eft arrivé ; on a voulu l'empêcher, les trou-
bles s'en font enfuivis, parce que néceffité contraint la
loi.

3°. Il rendoit à l'Etranger ce que nous payons à la Mere-
Patrie.

Sans doute en donnant nos denrées premieres & colo-
niales en échange à l'Etranger, nous en privons la Mere-
Patrie ; nous privons le fifc des droits impofés : tout l'avan-

tage que l'on tire des Colonies va donc à cet Etranger aux dépens du Français.

4°. Il n'étoit d'aucun avantage pour le Colon.

Cela eſt tout ſimple : au moment de la concurrence l'Etranger nous a tout offert à la baiſſe ; ſe trouvant ſeul, & le Colon dans la diſette, il a impoſé la loi ; on lui a acheté à tout prix avec les conditions qu'il a voulu y mettre.

Cet Arrêt étoit donc déteſtable, il a occaſionné tous nos maux.

Examinons ce qui a ſuivi.

Déjà depuis quelques années, l'Angleterre voit avec peine, que des liaiſons commerciales ſont établies entre la France & les Anglo-Américains. La perte de ces belles Provinces n'eſt point effacée, même par le ridicule traité de Commerce, qui nous rend le jouet des Anglois eux-mêmes.

Que cherche donc l'Angleterre ? A réparer ſes dommages aux dépens de la France ; & l'on y donne à plein colier.

De tout tems, nos Iſles à ſucre ont fait l'objet de leur jalouſie ; comme les Iſles à épiceries, ont occaſionné leurs guerres avec la Hollande.

Il n'étoit pas facile de s'emparer de nos poſſeſſions ; il étoit plus aiſé d'y inſpirer la révolte dans les Noirs, le déſeſpoir dans les Blancs.

Voici le raiſonnement Anglois.

La France s'occupe de sa régénération! A beaucoup d'énergie, elle joindra beaucoup d'exaltation! Jettons-en avant une idée bien métaphysique; que nos meilleurs Ecrivains s'échaffaudent sur les horreurs *privées* qui se commettent dans nos Isles; disons que les Noirs sont nos freres; invoquons l'humanité, ce mot tant de fois prostitué!.....

Ayons des Chefs de Secte, & nous aurons des Sectaires! L'esprit du François, saisit avec avidité; il se jettera à corps perdu, dans un système, que la bonté de son cœur lui rendra plus cher encore.

Il ne s'appercevra pas qu'il attaque une propriété dont il est responsable; il voudra bouleverser, détruire! On souscrira comme pour une nouvelle croisade!....

De leur côté, les propriétaires crieront à l'assassinat, ils montreront de l'énergie; nos *bouches*, nos *écrivasseurs payés*, étoufferont à coup de sillogisme, ces réclamations justes.

Les Colons seront au désespoir, ils déserteront leur ancienne patrie, ils se donneront à nous, & nous nous vengerons, avec avantage, des Américains qui nous ont quitté, & des Français, qui ont assuré leur liberté à notre détriment.

Alors, plus de Marine parmi nos ennemis, parce qu'elle n'aura plus d'aliment. Plus de commerce, plus d'échange, plus d'interloppe.

Nous seuls, nous régirons ces côtes superbes, formées par la nature, pour donner à la France l'Empire des mers.

Nous absorberons le numéraire des Français, & leurs

productions territoriales, feront un gage pour nos fuper-
fluités.

Et cela eft arrivé, & vous avez Meffieurs à décider.

Je n'ignore pas que les Colonies vont peut-être trop loin;
mais c'eft que vous les avez oubliées, & que celui qui eft
au défefpoir, n'a pas le tems d'attendre.

D'abord, je répondrai aux Anglais.

Votre projet eft découvert, car......

Auffi-tôt que dans une de vos feffions, vous avez donné
cette impulfion machiavelifte, & que votre argent & l'en-
thoufiafme l'ont fait adopter chez nous; vous l'avez dé-
truite, vous avez raffuré votre Commerce, vous l'avez
prefque mis dans la confidence.

2°. Dans le moment où vous nous prêchiez l'abolition
de la Traite, vous avez conclu un traité avec l'Efpagne,
pour fournir les Noirs dont elle a befoin, ce qui eft renou-
veller l'*affiente*.

3°. Jamais Négres ne furent plus cruellement traités,
que dans vos poffeffions, & fur-tout à la Jamaïque.

4°. Jamais Navigateurs n'en ont plus perdu que vous dans
le paffage, par vos mauvais traitemens & votre avarice.

5°. Jamais Brocanteurs ne furent plus Maquignons que
vous, & plus trompeurs; en telle maniere que vous êtes
difcrédités, même fur la côte d'Or; & à plus forte raifon,
dans nos Ifles.

6°. C'eft qu'au moyen de vos comptoirs, vous com-
mettez des violences pour les enlever.

Vous

9

Vous n'avez rien de pareil à reprocher aux Français !
Mais vous êtes jaloux, vous voyez votre puiffance s'en-
fuir, votre dette nationale vous effraye, vous n'avez pas
nos reffources ; & j'ofe le dire, (malgré vos forfanteries)
notre amour pour la Patrie. Vous êtes égoïftes de fang-
froid ; & ce n'eft qu'en produifant chez nous l'effervef-
cence, que vous pourrez remplir vos vues perfides.

Cela n'arrivera pas.

Je viens à la France, & je lui dis :

Oubliez-vous que nous fommes vos enfans, les freres de
vos enfans ? Oubliez-vous que nous n'avons qu'un même
vœu, qu'une même patrie ?

Pourquoi nous méconnoiffez-vous ?

Si je parle de nos droits : nous fommes hommes.
Si je parle de nos propriétés, elles font inviolables.
Si je parle de votre avantages ?...,

Sans nous, votre balance de commerce eft de trente millions, *au-deffous*, vous les foldez en argent à l'Etranger ;
& indépendamment de ce que nous payons au fifc public,
nous vous donnons (vos provifions faites) quatre-vingt millions, qui rempliffent votre vuide. Nous faifons vivre cinq
millions de vos habitans : votre Marine fe forme avec nous :
vos Armateurs, vos Commerçans s'enrichiffent : les Propriétaires que vous avez dans votre fein y répandent le fruit
de nos labeurs ; nous n'abforbons pas votre numéraire ;
nous fommes pour vous l'abeille induftrieufe !.....

B

Vous nous rendez, direz-vous, les richeſſes de votre ſol, pour celles du nôtre.

Erreur: vous avez beſoin de nous; & nous c'eſt par fraternité que nous achetons de vous, à grands frais.

Le bled, qui croîtroit au centuple chez nous.

Le vin, que vos Commiſſionnaires empoiſonnent, en le frelattant.

La brique & la tuile, que nous fabriquerions auſſi bien que vous.

Les viandes ſalées, qui nous coûteroient moins à notre porte.

Les toiles, dont l'Inde nous fourniroit.

Les vivres qui ſont à côté de nous.

Les outils, les fers, que nos Ouvriers, que nos Négres même travaillent.

Les matériaux de toute eſpece, qui ne ſeroient pour nous qu'un objet d'échange, & ſans dépenſe.

La moruc ſalée, que nous aurions à Terre-Neuve, meilleure, & ſans frais.

Les autres poiſſons, que nous pêchons dans nos parages, ou dans les parages limitrophes.

Les huiles, les graiſſes, les ſuifs, que nous pouvons fabriquer ou remplacer.

Les étoffes, les ſuperfluités, que nous proſcrirons par des Loix ſomptuaires.

La protection: quelle eſt la Nation qui ne nous protégera pas à pareil prix.

J'ajoute : que vos Philoſophes, apprentifs Adminiſtrateurs, apprentifs Commerçans, apprentifs Hommes d'Etat, ne voyent pas qu'ils nous réduiſent au déſeſpoir, qu'ils ſervent vos ennemis & les nôtres, qu'ils prêchent l'aſſaſſinat, & que mourir pour mourir, nous devons eſſayer d'être libres..... ou de mourir.

Cherchant cependant à tout pacifier, j'embraſſe les Colons, & je leur dis..... freres :

Vous êtes Français ; déſabuſez vos freres, faites-leur concevoir,

Que le Négre eſt chez vous plus heureux que douze millions de nos Compatriotes, de nos Cultivateurs.

Que l'intérêt perſonnel, cette loi du Propriétaire, aſſure leur exiſtence & leur ſort précieux.

Que c'eſt un bonheur pour eux que l'établiſſement de la Traite, puiſque tout ce qui ſe tranſporte ſur notre ſol échappe aux horreurs d'une mort inévitable ; que la population des Négres eſt doublée depuis ce Commerce ; que les autres Sauvages ſe détruiſent avec cette prétendue liberté, qui conſiſte à s'entretuer pour une bête fauve à la chaſſe.

Dites à vos Concitoyens, que vous voulez être unis à la France, recevoir la Conſtitution, participer à la régénération ; mais que vous demandez, par rapport aux convenances, au climat, à tous les rapports des localités, l'avantage de vous organiser, d'après les bases posées par l'Assemblée Nationale, dont vous reconnoîtrez les Décrets, toutes les fois que vous serez représentés comme Citoyens actifs dans son sein. C'est ce que l'on a accordé à la Ville de Paris.

Jurez de ne jamais vous séparer de cette France, où vous avez des peres, des freres, des amis, des propriétés; jurez de répandre votre sang pour la Patrie, qui n'a jamais cessé d'être la vôtre.

Jurez le maintien des propriétés !....

Jurez enfin la fidélité à la Nation (c'est-à-dire à vous-même), à la Constitution, à la Loi, au Roi.

Que le serment civique soit affermi dans vos climats brûlans par cette énergie qui vous est naturelle.

En me résumant.

C'est à vous, auguste Assemblée, à qui je dois un hommage, & après vous avoir représenté ;

Que les Colons ont d'éternels reproches à faire au ci-devant Ministère :

Que les prétendus Députés à l'Assemblée Nationale, n'ont été élus, ni librement, ni au scrutin, ni par une convocation légale des Colons propriétaires.

Que les Colons ne sont donc nullement représentés :

Qu'ils sont des individus libres comme les Habitans de la France.

Qu'ils fe regardent, par leurs propriétés, comme partie intégrante de la Commune de France, puifque dès long-tems les titres, les qualités font abrogés entr'eux pour prendre la qualité générique d'Habitans .... d'hommes !.....

Que plus que d'autres ils ont gémi fous le poids du régime ariftocratique & du pouvoir arbitraire :

Que leurs Nègres ont été jufqu'ici moins efclaves qu'eux-mêmes.

Que leur utilité eft effentiellement liée à ce grand Royaume :

Que le Commerce eft l'ame de l'Etat :

Que des paradoxes, quelques lumineux, quelques fcintillans qu'on les fuppofe, ne militent pas contre des faits :

Que le grand problême qu'il y avoit à réfoudre, eft ; *fi les Colonies produifent plus qu'elles ne coûtent*, & qu'à cet égard le problême eft réfolu.

J'ofe prendre la liberté de vous propofer le projet de Décret fuivant.

L'Affemblée Nationale confidérant que toutes les Colonies ne font que des fractions de la Monarchie françoife, plus ou moins approximées, mais qu'elles ont la Patrie pour mere commune.

Qu'elles ont avec tous les François un droit égal à la liberté des individus & à la régénération de l'Empire.

Décréte.

Que tous les Habitans des Colonies feront affimilés aux

Citoyens de la France, dans tous les cas prévus & déterminés par la Loi.

Qu'ils feront également repréfentés à l'Affemblée Nationale.

Qu'on formera parmi eux des Départemens & des Diftricts.

Qu'attendu leur régime particulier & leur localité, ils préfenteront inceffamment des projets d'organifation particuliere, que l'Affemblée décretera, que le Roi fanctionnera, & d'après lefquels ils feront régis.

Qu'ils feront le ferment civique, ne devant fe regarder que comme François.

Que l'Arrêt du 30 Août 1784 fera provifoirement fupprimé, fauf les précautions ultérieures que prendra l'Affemblée Nationale fur le rapport du Comité qu'elle aura chargé d'examiner les plans propofés par les Députés des Colonies.

Qu'il ne feront plus foumis à l'arbitraire d'un feul homme, mais qu'ils exifteront fous la fauve garde de la Nation & fous l'égide de la Conftitution.

Que la traite des Nègres eft confervée, fauf les modifications qui feront convenues par rapport au fervage des individus & le refpect dû à la qualité d'homme.

Ces Décrets rédigés dans votre fageffe, dans votre pleine fcience & puiffance, MESSIEURS, préviendront un fchifme

dangereux, préjudiciable pour tous, utile à nos seuls ennemis

Je suis, avec le plus profond respect,

MESSIEURS,

Votre très-humble & très-
obéissant serviteur,
DE LONGCHAMP,

Colon de l'Isle Saint-Domingue.